Schulausgabe

Auf geht's ins
Lese-Abenteuer!

Leserabe

2. Lesestufe

Manfred Mai

Verknallt in Max

Mit Bildern von Lisa Hänsch

Mildenberger Verlag

Ravensburger

Bibliografische Information der Deutschen Nationalbibliothek:

Die Deutsche Nationalbibliothek verzeichnet diese Publikation
in der Deutschen Nationalbibliografie.
Detaillierte bibliografische Daten sind im Internet
über http://dnb.d-nb.de abrufbar.

FSC
www.fsc.org
MIX
Papier aus verantwortungsvollen Quellen
FSC® C111262

1 3 5 4 2

Ravensburger Leserabe

Umschlagbild: Lisa Hänsch
Konzeption Leserätsel: Dr. Birgitta Reddig-Korn
Design Leserätsel: Sabine Reddig

Printed in Germany
ISBN 978-3-619-14614-7
(für die Ausgabe im Mildenberger Verlag)
ISBN 978-3-473-46124-0
(für die Ausgabe im Ravensburger Verlag)

www.mildenberger-verlag.de
www.ravensburger.de
www.leserabe.de

Inhalt

Beinahe Zwillinge

Im gelben Hochhaus
in der Sonnenstraße
wohnen mindestens
hundert Menschen.
Zwei von ihnen sind
Lena und Mia Müller.
Die beiden sind beinahe Zwillinge.
Wirklich beinahe.
Sie haben nicht nur
denselben Nachnamen,
sie haben auch
am selben Tag Geburtstag.

Sie wohnen im selben Haus
und gehen in dieselbe Klasse.
Sie haben dasselbe Lieblingsessen
und dieselben Lieblingsspiele.
Zu echten Zwillingen
fehlt nur eine Kleinigkeit:
dieselben Eltern.

Die haben Lena und Mia nicht.
Deshalb sind sie auch keine
Schwestern, sondern Freundinnen.
Aber für die beiden macht das
keinen großen Unterschied.
Sie sind trotzdem unzertrennlich
und machen fast alles zusammen.

Eines Tages liegt Lena
mit Grippe im Bett.
Mia will sie besuchen,
aber das darf sie nicht.

„Sonst steckt sie dich noch an“,
sagt ihre Mutter.
Genau das möchte Mia.
Denn wenn sie auch Grippe hat,
dürfen sie und Lena wieder
zusammen sein.
Und zu zweit Grippe haben,
ist halb so schlimm.
Aber das kapieren die Eltern nicht.

Mia trottet aus dem Haus
und setzt sich
auf die Gartenmauer.
Sie hat keine Lust zu nichts,
baumelt mit den Beinen
und langweilt sich.
Da hält ein großer Möbelwagen
und dahinter ein rotes Auto.
Eine Frau, ein Mann und
ein Junge steigen aus.

Und was für ein Junge!
Er ist ungefähr so groß wie Mia,
hat einen blonden Wuschelkopf,
himmelblaue Augen
und ein Grübchen am Kinn.

Frage

Was machst du,
wenn dir langweilig ist?

Das ist die Liebe

Als der Junge Mia mit seinen
strahlenden Augen anschaut,
kippt sie beinahe
von der Gartenmauer.
Ihr Herz klopft wie wild,
in ihrem Bauch kribbeln
mindestens tausend Ameisen.
Und ihr wird abwechselnd
heiß und kalt.
Da weiß Mia: Das ist die Liebe!
„Hallo, wohnst du hier?“,
fragt der Junge.
Mia kann nur nicken.

„Wie heißt du?“,
will der Junge wissen.
Wieder nickt Mia.
Dabei guckt sie so verträumt,
als wäre sie eben aus
einem tiefen Schlaf erwacht.
„Bist du krank?“, fragt der Junge.
Mia schüttelt den Kopf.
Obwohl sie sich wirklich
ein wenig krank fühlt.
Der Junge geht an Mia vorbei
und sagt zu seiner Mutter:
„Die spinnt.“

Mia wünscht sich,
der süße Junge
würde zurückkommen.
Wenig später öffnet sich die Tür.
Aber heraus kommt
der alte Herr Pütz mit seinem
kläffenden Köter Heinrich.
„Bei Fuß!“,
befiehlt der alte Herr Pütz.
Aber Heinrich gehorcht nur,
wenn er will.
Er schnuppert an Mias Schuhen.
Mia zieht schnell die Beine an.

Heinrich bellt und springt hoch.
Da packt ihn der alte Herr Pütz
und hakt die Leine
am Halsband ein.
Er zerrt den kläffenden Heinrich
von Mia weg.
Mia atmet erleichtert auf.
Es dauert nicht lange,
bis die Tür erneut geöffnet wird.
Und diesmal kommt
der Junge heraus.

Mia hat sich inzwischen
so ziemlich
von ihrem Schreck erholt.
Jetzt hopsen auch
die Gedanken nicht mehr
wie verrückt durch den Kopf.
„Magst du?“, fragt Mia
und streckt dem Jungen
ein Bonbon entgegen.
„Klar“, sagt der Junge.

„Wie heißt du?“, fragt Mia.
„Maximilian. Oder Max.
Wie du willst.“
„Ich heiße Mia“, sagt Mia.
„Und Max finde ich schöner.“
Dabei legt sie den Kopf schief
und klimpert mit den Augen,
wie sie es manchmal
in Filmen gesehen hat.
„Hast du was im Auge?“,
fragt Max.
Mia hört auf zu klimpern.
„Nö, warum?“
„Weil du so komisch blinzelst.“

„Das ist nicht geblinzelt“,
widerspricht Mia.
„Was dann?“, fragt Max.
Mia wird es wieder heiß.
Sie springt von der Gartenmauer
und rennt davon.

Frage Warum läuft Mia davon?

Wo steckt Mia?

Zwei Tage später
ist Lena wieder gesund.
Sie will Mia zur Schule abholen.
„Die ist schon weg“,
sagt Mias Mutter.
„Gestern und heute hatte sie es
immer furchtbar eilig.
Ich weiß gar nicht,
was mit ihr los ist.“

Lena steht ziemlich verdattert
vor Mias Mutter.
Sie weiß nicht, was sie sagen soll,
dreht sich um und geht.
Und dann, ziemlich weit weg,
entdeckt sie Mia
neben einem Jungen.
„He, Mia!“, ruft Lena.
„Warte doch auf mich!”

Mia und der Junge bleiben stehen.
Lena läuft zu ihnen
und holt tief Luft.
Sie schaut erst den Jungen,
dann Mia an.
„Wer ist das?“, fragt Lena.
„Max“, antwortet Mia.
„Er wohnt seit vorgestern
bei uns im Haus.“
„Und wer bist du?“, fragt Max.

Bevor Lena antworten kann,
sagt Mia: „Das ist Lena,
meine beste Freundin.“
Max sagt nichts dazu.
Er geht einfach schnell weiter –
ohne die Mädchen.
„Warum hast du denn nicht
auf mich gewartet?“,
fragt Lena ihre Freundin.
„Und warum gehst du
mit dem zur Schule?“

„Weil Max mein Freund ist."
Mias Antwort gibt Lena einen Stich.
Aber sie lässt sich nichts anmerken.
„Ach so", sagt sie nur.
Und dann: „Findest du nicht,
dass er wie ein Baby aussieht?"
„Gar nicht wahr!", ruft Mia empört.
„Er sieht total süß aus."

„Sag ich doch:
So süß wie ein Baby“,
wiederholt Lena.
„Fehlt nur noch der Schnuller.“
Mia schaut Lena böse an.
„Du bist ja bloß neidisch,
du blöde Kuh!“
„Pah!“, macht Lena.
„Jungs sind sowieso alle doof.“
Da lässt Mia ihre
beste Freundin stehen
und rennt hinter Max her.

Den ganzen Vormittag
reden Lena und Mia
kein Wort miteinander.
In den Pausen und auf
dem Heimweg schwänzelt Mia
dauernd um Max herum.
Lena scheint für sie Luft zu sein.

Zu Hause wirft sich Lena
heulend in Mamas Arme.
Dann erzählt sie alles.
„Tja“, sagt Mama,
„das hört sich so an,
als wäre Mia verliebt.“

„Warum … warum ist …
die denn verliebt?“
„Tja, das passiert einfach“,
antwortet Mama.
Lena schnieft.
„Dann bin ich eben auch verliebt.“
Mama schmunzelt.
„So einfach geht das nicht.
Dazu brauchst du erst mal
einen Jungen.“
„Na und? Max ist ja da.“
Mama staunt. „Ich denke,
du findest Max doof.“
„Alle Jungs sind doof“,
behauptet Lena.
„Aber wenn Mia in Max verliebt ist,
bin ich es auch.“

Jetzt muss Mama lachen.
„Damit ist Mia aber bestimmt
nicht einverstanden."
„Das ist mir egal", sagt Lena.
„Sie hat mich ja auch nicht gefragt,
ob ich einverstanden bin."

Frage

Wie geht die Geschichte
mit Lena und Max wohl weiter?

Lena will sich verlieben

Gleich nach dem Mittagessen
läuft Lena in ihr Zimmer
und wühlt im Kleiderschrank.
Sie probiert Kleider, Röcke,
Hosen und T-Shirts.
Es dauert eine halbe Stunde,
bis Lena endlich eine Jeans
und ein Glitzertop ausgesucht hat.
Schnell steckt sie sich
noch Bonbons und Kaugummis
in die Hosentasche.

„Hoffentlich finde ich ihn“,
murmelt Lena vor sich hin.
„Und hoffentlich ist Mia
nicht bei ihm.“
Lena geht hinaus
und hält Ausschau nach Max.
Sie entdeckt ihn
auf dem kleinen Spielplatz
hinter dem Hochhaus.
Er sitzt allein auf der Wippe
und Mia ist nirgendwo
zu sehen.

Als Lena vor ihm steht, fragt Max:
„Was machst du hier?“
Lena antwortet nicht.
Sie greift in ihre Hosentasche
und holt ein Bonbon heraus.
Das wickelt sie furchtbar langsam
aus dem Papier.
Max schaut ihr gespannt zu.
Lena schiebt das Bonbon
in den Mund.

„Magst du auch eins?“, fragt sie.
Max nickt.
Lena setzt sich neben Max
auf die Wippe.
Weil die Wippe schräg steht,
rutscht Lena ganz dicht
an Max heran.
Max, der auf das Bonbon wartet,
bleibt sitzen.
Lena guckt ihm tief in die Augen.
Das hat sie bei ihrer
großen Schwester und
deren Freund beobachtet.

Die sitzen oft stundenlang da
und starren sich in die Augen.
Dabei seufzen sie manchmal,
als ob sie es sehr schwer hätten.
Die Liebe muss ziemlich
anstrengend sein,
hat Lena dabei gedacht.
„Was soll denn das?“,
fragt Max.

„Warum starrst du mich so an?“

Lena seufzt leise.

„Bist du krank?“, fragt Max.

„Sei doch mal still“, flüstert Lena.

„Dabei darf man nicht reden.“

„Wobei darf man nicht reden?“

„Beim Verlieben.“

„Beim Verlieben?“
Max springt auf.
„Du hast ja einen Vogel!
Genau wie deine Freundin!“
„Bleib doch hier“, bittet Lena.
„Ich will mich jetzt verlieben.
Und dazu brauche ich dich.“
„Du spinnst doch echt!“, ruft Max.
„Such dir einen andern!“
„Das geht nicht“, sagt Lena.
„Weil Mia auch in dich verliebt ist,
und weil sonst ja keiner da ist.“
„Dann habt ihr Pech gehabt“,
sagt Max.

„Ich lasse mich jedenfalls
nicht verlieben.
Und zweimal schon gar nicht."
Damit zieht er ab.
An der Hausecke dreht er sich
noch einmal um.
„Und deine blöden Bonbons
kannst du selber lutschen!"
„Ich hab's ja gleich gewusst",
seufzt Lena.
„Die Liebe ist ziemlich
anstrengend."

Frage Warum ist Max sauer?

Total doof!

Nach diesem missglückten Versuch findet Lena Max und die ganze Verlieberei noch viel doofer als zuvor. Sie sitzt neben der Wippe und schwört, sich niemals zu verlieben. Danach ist ihr wieder leichter.

In diesem Augenblick
kommt Mia um die Ecke.
Sie sieht Lena allein
neben der Wippe sitzen.
„War Max hier?“
Lena antwortet nicht,
sie wird nur rot.
„Was hast du denn?“, fragt Mia.
„Bist du … bist du …
in den verliebt?“

Lena tippt sich an die Stirn.
„Ich doch nicht!
Aber du.
Das ist doch dein geliebter Max.“
Jetzt tippt sich Mia an die Stirn.
„Das ist nicht mein Max.
Und mein Freund ist er
auch nicht mehr, dass du es weißt.
Der ist nämlich total doof.“
Lena reißt Mund und Augen auf.
„Stell dir vor“, erzählt Mia,
„als ich ihn gestern küssen wollte,
da hat er mich weggeschubst.
Dann ist er ganz schnell
abgehauen.
So ein Feigling ist das.“

Lena strahlt.
„Ich hab doch gleich gesagt,
dass Max doof ist.
Genau wie alle Jungs.“
Mia sagt nichts.
Sie geht zum anderen
Ende der Wippe,
klettert auf den Balken
und setzt sich.

Dann fangen die
beiden an zu wippen.
„Ich möchte mal wissen,
warum es überhaupt Jungs gibt!“,
ruft Lena. „Die kann man doch
zu nichts gebrauchen.“
„Stimmt“, meint Mia.
„Du bist mir zehnmal lieber
als Max!“, ruft Lena.
„Du mir auch!“, ruft Mia zurück.
Und dann wippen sie so wild
wie noch nie in ihrem Leben.

Frage

Wie vertragen sich
Lena und Mia wieder?

Leserabe

Leserätsel

Rätsel 1

Viel zu viele Buchstaben!

Streiche die Buchstaben, die zu viel sind.

Zwghtijzllfopinglete

Metökibelutzwaghigen

Garrüphbfjchloen

Rätsel 2

Wörter ohne Grenzen

Wie viele Wörter aus der Geschichte findest du?

JUNGEAUGENKINNAMEISEN

☐

KÖTERHEINRICHLEINEHALSBAND

☐

Wörter im Versteck

Rätsel 3

Insgesamt sind sechs Wörter versteckt.
Kreise sie ein.

→ ↓

P	S	R	T	Z	P
A	T	K	I	F	L
U	I	U	W	B	U
S	C	H	L	A	F
E	H	X	C	B	T
N	A	O	N	Y	G

Fragen zur Geschichte

Rätsel 4

Als Mia sich von ihrem __________ erholt hat, hopsen die ______________ nicht mehr wie verrückt durch den __________ . Lena probiert __________, Röcke, __________ und T-Shirts.

Lösungen
Rätsel 1: Zwillinge, Möbelwagen, Grübchen, **Rätsel 2:** Junge, Augen, Kinn, Ameisen (4), Köter, Heinrich, Leine, Halsband (4), **Rätsel 3:** Pausen, Stich, Schlaf, Kuh, Baby, Luft
Rätsel 4: Schreck, Gedanken, Kopf, Kleider, Hosen

Leserabe

Rabenpost

Rätsel 5

Rätsel für die Rabenpost

Was stimmt? Ersetze die richtige Zahl durch den passenden Buchstaben. Dann erhältst du das Lösungswort.

	Ja	Nein
Lena und Mia sind Zwillinge.	13	23
Lena liegt mit Grippe im Bett.	9	1
Max hat einen braunen Wuschelkopf.	6	16
Heinrich gehorcht aufs Wort.	5	16
Mia klimpert mit den Augen.	5	18

A 1	B 2	C 3	D 4	E 5	F 6	G 7	H 8	I 9
J 10	K 11	L 12	M 13	N 14	O 15	P 16	Q 17	R 18
S 19	T 20	U 21	V 22	W 23	X 24	Y 25	Z 26	

Lösungswort

Hast du das Lösungswort herausgefunden?
Dann kannst du jetzt tolle Preise gewinnen.

Gib das Lösungswort auf der Leserabe-Website ein
oder schick es mit der
Post an folgende Adresse:

An den Leseraben
Rabenpost
Postfach 2007
88190 Ravensburg
Deutschland

* Wir verwenden die Daten der Einsender nur für das Gewinnspiel und nicht für weitere Zwecke.
Alle weiteren Informationen zum Datenschutz und über unser Gewinnspiel findet ihr unter **www.leserabe.de.**

Leichter lesen lernen mit der **Silbenmethode**

Durch die Kennzeichnung der einzelnen Silben in Rot und Blau lernen Kinder leichter lesen. Das gelingt so:

- Die einzelnen Wörter werden in Buchstabengruppen aufgeteilt. Diese kleinen Gruppen sind leichter zu erfassen als das ganze Wort.
- Die Buchstabengruppen sind ganz besondere Einheiten: Sie zeigen die **Sprech-Silben** an, den Schlüssel, um ein Wort richtig lesen und verstehen zu können.

Zum Beispiel können bei dem Wort „Giraffe“ auch die ersten drei Buchstaben „Gir“ als Gruppe gelesen werden: Gir - af - fe. Das könnte dann der Name einer besonderen Affenart sein.

Mit den farbigen Silben dagegen werden sofort die richtigen Buchstabengruppen erkannt: Giraffe. Beim Lesen ergibt sich automatisch der richtige Sinn: Es ist das Tier mit dem langen Hals gemeint.

Dadurch lesen alle Leseanfänger leichter und besser – und auch die nicht so starken Leser können schneller Erfolge erzielen.

Die farbigen Silben helfen aber nicht nur beim Lesen, sondern auch bei der **Rechtschreibung**. Der Leseanfänger nimmt von Anfang an die Silbengliederung der Wörter wahr – und kann so die richtige Schreibweise ableiten.

Die original Mildenberger Silbenmethode wird seit über einem Jahrzehnt an vielen Grundschulen unterrichtet und führt bei Kindern nachweislich zu schnellerem Leseerfolg.

Weitere Informationen zur Silbenmethode auf:
www.silbenmethode.de

Super, geschafft!